ESPAGNOL a1-a2 • CYCLE 4

# ¡Atrévete!

W0250302


Ouvrage coordonné par

**Ana León**

Collège Henri Barbusse, Alfortville **(94)**

**Alise Lafranceschina**

Collège Rose Valland,
Saint-Étienne de Saint-Geoirs **(38)**

**Aurélie Perret**

Collège Hippolyte Rémy,
Coulommiers **(77)**

**Encarna Moldes Sevane**

Collège Erik Satie,
Mitry-Mory **(77)**

**Edwige Picollet**

Collège Belledonne,
Villard-Bonnot **(38)**

**Ibtissam Ouadi Chouchane**

Lycée Georges de la Tour,
Metz **(57)**

**Marta Servalls Jiménez**

Collège Colbert,
Cholet **(49)**


MAGNARD

**Direction éditoriale :** Alexia Zoulas

**Édition :** Laura Lillo

**Mise en page :** Delphine Renon

**Design graphique couverture :** Laurent Besson

**Droits :** Virginie Dauvet, Dagmara Bojenko

**Enregistrements :** EuroDVD

**Illustrations :** Javier Monsalvett

**Cartographie :** Légendes Cartographie

**Crédits iconographiques :** **p. 7** AdobeStock/Alexandra_K ; AdobeStock/Lemonsoup14 ; AdobeStock/bluehand ; AdobeStock/Jiro ; AdobeStock/omphoto ; AdobeStock/gearstd ; Liniers ; **p. 9** AdobeStock/cristinn ; **p. 10** Paola La Wera Kuri (@werakuri) Founder de Blue Women Pink Men (@bluewomenpinkmen), proyecto de impacto social en México que recupera espacios públicos a través del arte, el deporte y la equidad ; **p. 11** AdobeStock/Pixel-Shot ; **p. 12** El Vecino, BD Originen/éditions Astiberri ; **p. 13** AdobeStock/Yael Weiss ; **p. 16** AdobeStock/Misaso ; **p. 17** AdobeStock/Good Studio ; AdobeStock/SensVector ; AdobeStock/Veysel ; **p. 19** AdobeStock/Elnur ; AdobeStock/Studio Romantic ; AdobeStock/Drazen ; AdobeStock/Photographee.eu ; **p. 20** AdobeStock/LIGHTFIELD STUDIOS ; **p. 21** istock/MachineHeadz ; **p. 29** AdobeStock/o_a ; AdobeStock/Balint Radu ; AdobeStock/Silvio ; **p. 31** Photo12/Alamy/Domiciano Pablo Romero Franco ; Photo12/Alamy/Shawshots ; **p. 34** adobestock/Macrovector ; AdobeStock/Marina Zlochin ; **p. 35** AdobeStock/Olena ; **p. 36** AdobeStock/Vector Tradition ; **p. 37** AdobeStock/Rarity Asset Club ; **p. 42** AdobeStock/jamesjoong ; AdobeStock/aelice ; AdobeStock/ssstocker ; AdobeStock/1xpert ; **p. 43** AdobeStock/Photographee.eu ; AdobeStock/Pixel-Shot ; AdobeStock/lovelyday12 ; **p. 45** AdobeStock/Olena ; AdobeStock/mashot ; AdobeStock/Okea ; AdobeStock/sveta ; AdobeStock/as_trofey ; AdobeStock/Hanna ; AdobeStock/Pasko Maksim ; AdobeStock/1xpert ; **p. 46** Escuela de Arte y Superior de Diseño Fernando Estévez ; **p. 47** Canva ; **p. 50** AdobeStock/Lucia Fox ; AdobeStock/Penwin ; **p. 51** Carnaval de Barranquilla 2023 ; **p. 53** AdobeStock/newsfocus1 ; Canva ; Shutterstock/19bProduction ; AdobeStock/Ketmut ; **p. 54** Carlos López Jiménez ;
**Stickers : n°2** AdobeStock/Malchev ; **n°10** Javier Monsalvett ; AdobeStock/Maryco ; AdobeStock/SensVector ; **n°12** Javier Monsalvett ; Léa Fabre ; AdobeStock/Veysel ; **n°17** Javier Monsalvett ; **n°18** Javier Monsalvett ; AdobeStock/iracosma ; **n°19** Bridgeman Images/Francisco Jose de Goya y Lucientes ; **n°20** akg-images/Joaquín Sorolla ; **n°25** AdobeStock/Yael Weiss ; **n°27** AdobeStock/Design By Reiga ; AdobeStock/Rustic ; AdobeStock/jamesjoong ; AdobeStock/Smokhov ; AdobeStock/ActiveLines ; AdobeStock/1xpert ; AdobeStock/Ihor ; **n°28** Javier Monsalvett ; AdobeStock/incomible ; **n°29** Javier Monsalvett ; **n°30** Javier Monsalvett ; AdobeStock/Sven Knie

**Crédits textes : p. 10** Revista Líderes Mexicanos DR ; **p. 22** César Mallorquí, Chico Omega, 21 relatos contra el acoso escolar DR ; **p. 30** Sociedad Mixta para la Promoción del Turismo de Valladolid ; **p. 38** María Guadalupe Flores Rodríguez, La vida cotidiana de los habitantes de Tenochtitlan DR ; **p. 46** Diariodeavisos.com

Malgré nos efforts, nous n'avons pu joindre certains ayants droit. Des droits usuels leur sont réservés en comptabilité.

ISBN : 978-2-210-11773-0
Éditions Magnard, 2023
5, allée de la 2e D.B., 75015 Paris
www.magnard.fr

*Remerciements à Dulce Gamonal pour son aide.*

DANGER
LE PHOTOCOPILLAGE TUE LE LIVRE

« Sous réserve des exceptions légales, toute représentation ou reproduction intégrale ou partielle, faite, par quelque procédé que ce soit, sans le consentement de l'auteur ou de ses ayants droit, est illicite et constitue une contrefaçon sanctionnée par le Code de la Propriété Intellectuelle. Le CFC est le seul habilité à délivrer des autorisations de reproduction par reprographie, sous réserve en cas d'utilisation aux fins de vente, de location, de publicité ou de promotion de l'accord de l'auteur ou de ses ayants droit. »

N° d'éditeur : MAGSI20220521 - Dépôt légal : mai 2023
Achevé d'imprimer en avril 2023 par Estimprim en France

IMPRIM'VERT

FABRIQUÉ EN FRANCE

# SOMMAIRE



## Sommaire des stickers

# Repaso léxico

## La descripción física

**Complète la planche lexicale.**

ser .................... ≠ ser ....................

ser .................... ≠ ser ....................

ser .................... ≠ ser ....................

la piel .................... .................... ....................

el pelo .................... ....................

.................... ....................

los ojos .................... ....................

.................... ....................

## El carácter

**Complète avec les étiquettes.**

ser ....................

ser ....................

ser ....................

ser .................... ≠ ser ....................

ser .................... ≠ ser ....................

serio/a · bueno/a · honesto/a · valiente · justo/a · divertido/a · malo/a

## Las acciones

**Écris sous chaque illustration l'action correspondante.**

....................

....................

....................

....................

## La ropa

**Complète la planche lexicale.**
**N'oublie pas les articles devant les noms.**

el traje ....................

....................

....................

....................

## ¡Dilo como un(a) hispanohablante!

audio 28
www.lienmini.fr/at4-72

**Associe chaque expression à son explication, puis entraîne-toi à les dire avec la bonne intonation.**

| | |
|---|---|
| (A) ser más fuerte que un toro • | • (1) *déplacer des montagnes* |
| (B) tener una voluntad de hierro • | • (2) *être très fort(e)* |
| (C) desplazar montañas • | • (3) *avoir une volonté de fer* |

# Desafíos de léxico

## A La descripción física

1. Relie chaque mot à son contraire.

| | |
|---|---|
| A bajo • | • 1 débil |
| B fuerte • | • 2 gordo |
| C delgado • | • 3 alto |

2. Écoute l'audio et dessine le héros décrit.

audio 29
www.lienmini.fr/at4-73

## B El carácter

1. Retrouve trois adjectifs différents à partir des étiquettes.

VA JUS TE
LI SE
EN TO RIO

a. ..........
b. ..........
c. ..........

2. Retrouve l'antonyme de chaque mot.

a. malo/a ≠ ..........
b. serio/a ≠ ..........
c. mentiroso/a ≠ h..........
(*menteur/euse*)
d. injusto/a ≠ j..........

## C Las acciones

1. Entoure l'intrus dans chaque liste.

a. ayudar – proteger – socorrer – destruir
b. defender – proteger – atacar – preservar
c. luchar – abandonar – batallar – combatir

2. Retrouve le verbe qui correspond à chaque définition.

a. Proteger de un ataque. → ..........
b. Combatir o esforzarse. → ..........
c. Cooperar con una persona. → ..........

## D La ropa

**1.** Retrouve dans la grille le nom de six vêtements ou accessoires en t'aidant des images.

| | | | | | | | | | | |
|---|---|---|---|---|---|---|---|---|---|---|
| I | Q | E | V | T | R | A | J | E | Q | S |
| C | A | P | A | U | J | Y | I | S | B | G |
| Z | H | Q | V | N | B | B | O | T | A | S |
| W | W | D | C | I | N | T | U | R | Ó | N |
| V | G | Q | Q | O | L | T | Q | R | O | U |
| K | E | O | T | F | X | U | O | S | E | T |
| N | T | A | N | T | I | F | A | Z | I | N |
| E | U | V | H | B | X | G | Z | W | H | Q |
| S | E | V | G | A | F | A | S | C | X | U |
| P | I | G | C | A | S | C | O | N | K | G |

**2.** Observe les vignettes. Formule quatre phrases pour décrire la tenue du superhéros Velcro-man.

Liniers (dibujante argentino), 2020.

..................................................................................................................

..................................................................................................................

..................................................................................................................

..................................................................................................................

# Desafíos de gramática

## A Les verbes de description

**1.** Rédige une phrase pour dire comment tu te sens aujourd'hui et dessine ton émoji.

........................................................................................................

**2.** Utilise les éléments des différentes colonnes pour former des phrases.

| | | |
|---|---|---|
| tú | están | zapatillas verdes |
| yo | eres | la piel morena |
| vosotros | tengo | contentas |
| ellas | lleváis | delgado |

a. ........................................................................................................

b. ........................................................................................................

c. ........................................................................................................

d. ........................................................................................................

**3.** Jeu des 5 différences. Observe les images et rédige des phrases pour les comparer.

Javier Monsalvett (ilustrador español), 2023.

En el dibujo A... mientras que en el dibujo B...

a. ........................................................................................................

........................................................................................................

b. ........................................................................................................

........................................................................................................

c. ........................................................................................................

........................................................................................................

d. ........................................................................................................

........................................................................................................

e. ........................................................................................................

........................................................................................................

## B Les verbes à diphtongue

**Complète la grille en conjuguant les verbes à la personne indiquée.**

**Vertical**
1. poder, nosotros
2. jugar, nosotros
3. querer, él
4. resolver, ellos
5. defender, ellas

**Horizontal**
6. poder, ella
7. querer, tú
8. volar, yo
9. defender, yo
10. jugar, tú
11. volar, vosotros

## C La comparaison

**Lis les descriptions et dis si elles sont vraies ou fausses. Corrige-les lorsqu'elles sont fausses.**

a. El chico es más bajo que la chica.
○ verdadero ○ falso

.................................................................................

b. La chica tiene el pelo más corto que el chico.
○ verdadero ○ falso

.................................................................................

c. El chico tiene el pelo más oscuro *(foncé)* que la chica. ○ verdadero ○ falso

.................................................................................

d. La chica lleva un traje más oscuro *(foncé)* que el chico. ○ verdadero ○ falso

.................................................................................

# Balance

## Évaluation de la compréhension de l'écrit

Paola Kuri Semán en Monterrey (México).

Paola Kuri Semán, o como se le conoce en la cancha de *soccer*[1], 'La Wera Kuri', es jugadora[2] de fútbol desde los 3 años de edad. Crea en junio de 2015 #FutSinGénero, proyecto que tiene como objetivo desarrollar[3] la igualdad de género[4] a través del fútbol. [...]

[Paola dice:] «Las mujeres podemos ser igual de[5] vulnerables y frágiles como podemos ser hábiles y fuertes. [...] Soy mujer, juego [al] fútbol, y eso no me hace menos mujer o menos femenina, me hace ser una guerrera, una soñadora[6], una luchadora, una líder, [...] el deporte no hace hombres o mujeres, el deporte crea héroes y heroínas».

Revista ***Líderes Mexicanos***, 2017.

**1.** *le terrain de football* - **2.** *joueuse* - **3.** *développer* - **4.** *l'égalité de genre* - **5.** *aussi bien* - **6.** *rêveuse*

**1. Lee el texto y di si estas afirmaciones son verdaderas o falsas. Rodea las justificaciones en el texto.**

**a.** Paola Kuri Semán es una deportista (*sportive*). ○ verdadero ○ falso

**b.** Paola Kuri Semán defiende la igualdad entre los hombres y las mujeres. ○ verdadero ○ falso

**2. Identifica dos cualidades que, según Paola Kuri, las mujeres pueden tener.**

..........................................................................................

**3. ¿Cómo es Paola Kuri gracias al fútbol? Identifica, por lo menos, cuatro elementos.**

..........................................................................................

## Évaluation de la compréhension de l'oral

audio 30
www.lienmini.fr/at4-74

**Escucha el audio y contesta las preguntas.**

**a. ¿Cuál es el tema del documento?**

- ◯ los superhéroes españoles
- ◯ las cualidades importantes en la vida
- ◯ las relaciones familiares

**b. ¿Verdadero o falso? Justifica.**

Cristóbal es más joven (*jeune*) que María.

◯ verdadero ◯ falso

..........................................................................................

**c. Identifica dos cosas importantes para Cristóbal.**

- ◯ ser divertido
- ◯ ser bueno con la gente
- ◯ ser justo
- ◯ ser valiente

**d. Identifica una cosa importante para María.**

..........................................................................................

..........................................................................................

**e. Di por qué esta cualidad es importante para María.**

..........................................................................................

..........................................................................................

## Évaluation de l'expression orale

**Describe y compara a los dos personajes: ropa, físico, carácter...**

Santiago García y Pepo Pérez, *El vecino*.

## Évaluation de l'expression écrite

**Lee la cita. Complétala con ideas y ejemplos para dar tu definición personal de un héroe o heroína.**

*« Los héroes nos inspiran, nos motivan y nos ayudan a creer que cualquier cosa es posible. »*

educo.org

.................................................................................................................................

.................................................................................................................................

.................................................................................................................................

.................................................................................................................................

.................................................................................................................................

.................................................................................................................................

.................................................................................................................................

.................................................................................................................................

## MON BILAN DE COMPÉTENCES

| | | | |
|---|---|---|---|
| Je comprends un texte sur la vie d'une femme engagée. | | | |
| Je comprends le témoignage audio de deux jeunes sur les qualités humaines qui leur sont chères. | | | |
| Je décris et compare oralement deux personnages de bande-dessinée. | | | |
| Je rédige la définition d'un héros ou d'une héroïne à partir d'une citation. | | | |

unidad 3 &

Manuel p. 40

unidad 4

Manuel p. 56

# Repaso léxico

## La hora

**Complète la planche lexicale.**

..............................

.............................. cuarto

y ..............................

..............................

 ..............................

 ..............................

 ..............................

comenzar = ..............................

terminar = ..............................

## El instituto

**1. Complète la planche lexicale. N'oublie pas les articles devant les noms.**

.............................. .............................. .............................. .............................. ..............................

.............................. .............................. .............................. .............................. ..............................

**2. Donne le féminin ou le masculin de chaque mot.**

..............................

una alumna

un compañero

..............................

## El bienestar

**Complète avec les étiquettes.**

cuidar tu salud · aburrirse · llevar una vida saludable · disfrutar · divertirse · compartir

.................. ≠ .................. .................. .................. .................. ..................

## El acoso

audio 31
www.lienmini.fr/at4-75

**Écoute l'audio et attribue à chaque dessin sa légende.**

.................. .................. .................. ..................

## ¡Dilo como un(a) hispanohablante!

audio 32
www.lienmini.fr/at4-76

**Associe chaque expression à son explication, puis entraîne-toi à les dire avec la bonne intonation.**

| | |
|---|---|
| Ⓐ ser un(a) empollón/ona • | • ① *être un(e) fayot(te)* |
| Ⓑ sacar buenas/malas notas • | • ② *avoir de bonnes/mauvaises notes* |
| Ⓒ hacer la barba al profe / ser un(a) pelota • | • ③ *être un(e) grand(e) bosseur/euse* |

# Desafíos de léxico

## A La hora

**1. Relie les horloges à l'heure qui correspond.**

01:00 • 06:30 • 14:15 • 20:45

- Son las dos y cuarto de la tarde.
- Son las seis y media de la mañana.
- Es la una en punto de la mañana.
- Son las nueve menos cuarto de la noche.

**2. Écoute l'audio et entoure la bonne réponse.** audio 33 www.lienmini.fr/at4-77

a. Las clases empiezan a las **06:15 / 06:04** y acaban a las **12:30 / 14:30**.

b. Los alumnos hacen los deberes a las **13:00 / 15:00**.

c. En México ahora son las **10:15 / 22:15 / 21:45**.

## B El acoso

**1. Dans chaque liste, entoure l'intrus.**

a. acosar – burlarse – ayudar

b. el/la cómplice – el/la acosado/a – la víctima

**2. Donne la définition des mots suivants.**

a. un(a) acosador(a): ........................................

b. un(a) cómplice: ........................................

## C El instituto

**1. Relie chaque définition au lieu qui correspond.**

- **A** lugar donde los alumnos almuerzan •
- **B** lugar donde los alumnos estudian •
- **C** lugar donde curan *(on guérit)* a los alumnos •

• 1 

• 2 

• 3 

**2. Retrouve dans la grille les mots suivants en espagnol.**

**a.** élève

**b.** matières

**c.** sandwich

**d.** camarade

| | | | | | | | | | | |
|---|---|---|---|---|---|---|---|---|---|---|
| C | Ñ | J | H | F | B | Q | I | D | T | V |
| N | E | A | N | L | O | J | C | S | N | M |
| A | O | G | E | O | C | B | L | R | U | Q |
| A | S | I | G | N | A | T | U | R | A | S |
| C | D | F | Ñ | S | D | H | A | P | G | E |
| B | A | I | A | L | I | N | M | K | Ñ | T |
| G | L | N | K | B | L | E | T | C | W | P |
| C | U | P | D | O | L | R | Ñ | X | V | Z |
| A | M | F | H | B | O | D | Y | U | R | S |
| N | N | E | I | C | J | F | G | A | M | Ñ |
| C | O | M | P | A | Ñ | E | R | O | I | H |

## D El bienestar

**Retrouve dans le nuage de mots la traduction des expressions suivantes.**

**a.** prendre soin de ta santé

..........................................

**b.** mener une vie saine

..........................................

**c.** profiter ..........................

**d.** s'amuser ..........................

**e.** partager ..........................

amigos instituto aula divertirse
cuidar tu salud acosador
estudiar ayudar aprender disfrutar
cómplice estudiar reloj dormir compañero
escuchar persona mientras que
burlarse comer llevar una vida saludable
alumno colegio clases gimnasio
comedor
en cambio recreo aburrirse escolar
deberes enfermería profesor
compartir hablar pedir sin embargo

# Desafíos de gramática

## A L'opposition

**1.** Trouve les voyelles manquantes.

a. [ ..... ] [L]   [C] [ ..... ] [N] [T] [R] [ ..... ] [R] [ ..... ] [ ..... ]

b. [ ..... ] [N]   [C] [ ..... ] [M] [B] [ ..... ] [ ..... ]

c. [M] [ ..... ] [ ..... ] [N] [T] [R] [ ..... ] [S]   [Q] [ ..... ] [ ..... ]

**2.** Observe cet emploi du temps argentin et compare-le avec le tien. Rédige au moins trois phrases.

**COLEGIO NACIONAL MARIANO MORENO DE MAR DEL PLATA (ARGENTINA)**
horario turno de mañana – 1° A

| | LUNES | MARTES | MIÉRCOLES | JUEVES | VIERNES |
|---|---|---|---|---|---|
| 07h20 a 07h55 | LENGUA | FÍSICA Y QUÍMICA | BIOLOGÍA | BIOLOGÍA | MÚSICA |
| 07h55 a 08h30 | LENGUA | FÍSICA Y QUÍMICA | BIOLOGÍA | HISTORIA | MÚSICA |
| 08h40 a 09h15 | GEOGRAFÍA | LENGUA | LENGUA | MATEMÁTICAS | MATEMÁTICAS |
| 09h15 a 09h50 | GEOGRAFÍA | LENGUA | FÍSICA Y QUÍMICA | MATEMÁTICAS | MATEMÁTICAS |
| 10h00 a 10h35 | TECNOLOGÍA | HISTORIA | FÍSICA Y QUÍMICA | ÉTICA | INGLÉS |
| 10h35 a 11h10 | TECNOLOGÍA | HISTORIA | MATEMÁTICAS | ÉTICA | INGLÉS |
| 11h15 a 11h50 | ARTES VISUALES | TUTORÍA | | EDUCACIÓN FÍSICA | |
| 11h50 a 12h25 | ARTES VISUALES | EDUCACIÓN FÍSICA | | | |

.................................................................................................................................

.................................................................................................................................

.................................................................................................................................

## B Le subjonctif présent

**1. Complète la grille en conjuguant les verbes au présent du subjonctif à la personne indiquée.**

**Vertical**
1. repetir, ellos/as
2. aconsejar, tú

**Horizontal**
3. aprobar, yo
4. pedir, yo
5. compartir, vosotros/as
6. estudiar, nosotros/as
7. acosar, él/ella

**2. Rédige les paroles prononcées par chaque personne en utilisant les éléments indiqués.**

a. **pedir que** / callarse (vosotros)

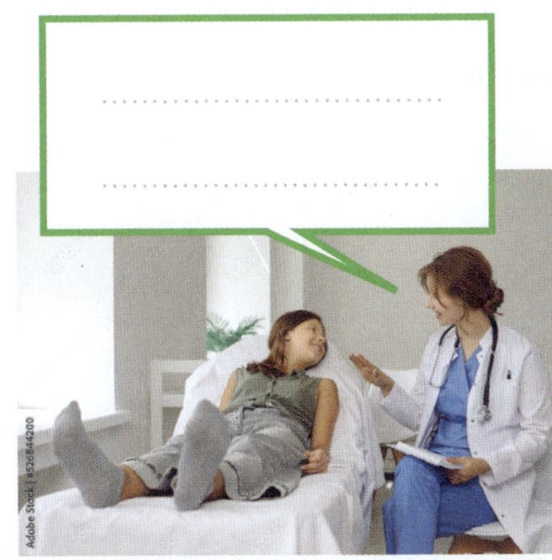

b. **aconsejar que** / dormir y comer bien (tú)

c. **pedir que** / escucharme (vosotros)

d. **prohibir que** / insultarse (vosotros)

## C L'obligation personnelle

**1. Complète ces phrases en utilisant *tener que* + infinitif à la bonne personne.**

a. En el insti, (escuchar, yo) .................................................... los consejos de los adultos referentes.

b. Los alumnos (hablar) .................................................... con calma.

c. La enfermera (escuchar) .................................................... a las víctimas de acoso.

d. Nosotros (llevar) .................................................... una vida saludable practicando deporte.

**2. Observe l'image. Rédige au moins deux phrases en utilisant *deber* + infinitif pour expliquer ce que doivent faire les élèves face à cette situation.**

..........................................................................................................

..........................................................................................................

..........................................................................................................

..........................................................................................................

..........................................................................................................

## D Les verbes à affaiblissement

**Retrouve dans la grille cinq verbes à affaiblissement et donne leur infinitif.**

a. ....................................................

b. ....................................................

c. ....................................................

d. ....................................................

e. ....................................................

| | | | | | | | |
|---|---|---|---|---|---|---|---|
| P | A | C | J | D | I | G | O |
| I | K | O | E | N | I | B | F |
| D | H | R | G | Q | P | O | M |
| O | C | R | M | Ñ | S | R | U |
| D | S | I | G | U | E | N | P |
| G | F | G | L | Ñ | H | D | C |
| J | R | E | P | I | T | E | S |
| L | I | N | B | E | O | N | T |

# BALANCE

## Évaluation de la compréhension de l'oral

audio 34
www.lienmini.fr/at4-78

**Escucha el audio y contesta las preguntas.**

**a.** **¿A quién se dirige la periodista?**

○ a sí misma ○ a nosotros, los alumnos ○ a los profesores

**b.** **¿Cuál es el tema principal del mensaje de la periodista?**

○ el acoso ○ los exámenes ○ las asignaturas

**c.** **Apunta tres palabras que lo indican.** ……………………………………………

……………………………………………………………………………………………

**d.** **Marca tres cosas que os pide la periodista que hagáis.**

○ estudiar mucho ○ ayudar ○ escuchar en clase
○ no mirar para otro lado ○ no quedarse sin hacer nada

## Évaluation de l'expression orale

**Eres un chico o una chica de la foto. Habla de tu colegio y da dos consejos para mejorar la vida en los institutos.**

## Évaluation de la compréhension de l'écrit

Te levantas, te duchas, te pones el uniforme del colegio, desayunas en la cocina, recoges la mochila con los libros y te despides de mamá con un fugaz beso. Que pases un buen día, dice ella, sonriendo. Un buen día… como ayer, como mañana, como siempre. […]

Miras el reloj que preside la torre de una iglesia: marca las nueve menos cinco, faltan[1] quince minutos para que empiecen las clases. Automáticamente, casi sin darte cuenta, comienzas a caminar más despacio[2]; si llegas demasiado pronto, te encontrarás a tus compañeros en el patio, y eso no es bueno, ¿verdad?, no, no, no, nada bueno.

César Mallorquí, ***Chico Omega, 21 relatos contra el acoso escolar***, 2019.

**1.** *il reste* - **2.** *lentement*

**Lee el texto y contesta las preguntas.**

**Primer párrafo**

**a.** Sitúa el momento del día y rodea en el texto las palabras que te lo indican.

..........................................................................................................................................

**b.** Di a quién se dirige el narrador. Justifica tu respuesta con elementos del texto.

..........................................................................................................................................

..........................................................................................................................................

**Segundo párrafo**

**c.** ¿A qué hora empiezan las clases? Rodea la respuesta correcta.

08:55 - 09:00 – 09:10 - 09:15

**d.** Fíjate en la última frase: «Automáticamente [...] nada bueno». Marca la frase que explica por qué el alumno anda despacio.

- ◯ No tiene ganas de estudiar.
- ◯ Tiene mucho tiempo antes de que empiecen las clases.
- ◯ No quiere ver a sus compañeros.

**Bonus**

**e.** Da una palabra que pueda explicar lo que le ocurre al chico en el insti.

..........................................................................................

**f.** ¿Piensas que su madre sabe lo que le pasa a su hijo? Justifica con el texto

..........................................................................................

## Évaluation de l'expression écrite

**Lee el texto de la página anterior. La útima frase ha cambiado. Continúa la historia contando lo positivo que va a ser el día del narrador en el instituto.**

Te encuentras a tus compañeros en el patio y eso es bueno, ¿verdad?, sí, sí, sí, muy bueno.

..........................................................................................

..........................................................................................

..........................................................................................

..........................................................................................

## MON BILAN DE COMPÉTENCES

| |  |  |  |
|---|---|---|---|
| Je peux comprendre un message audio contre le harcèlement. | | | |
| Je peux parler de mon collège. | | | |
| Je peux comprendre un texte sur la vie d'un collégien. | | | |
| Je peux raconter par écrit le déroulé d'une journée au collège. | | | |

# Repaso léxico

## La ciudad

**Complète la planche lexicale. N'oublie pas les articles devant les noms.**

## Las actividades turísticas

**Complète la planche lexicale.**

## Orientarse

**Complète la planche lexicale.**

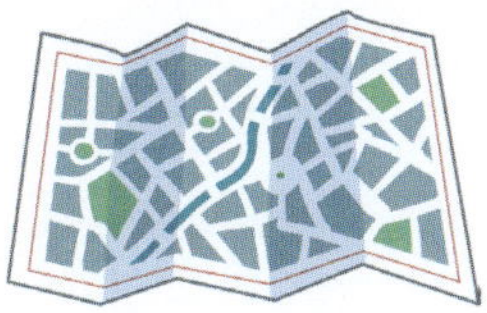

..............................

..............................

..............................

........................ ≠ ........................

........................ ........................

..............................

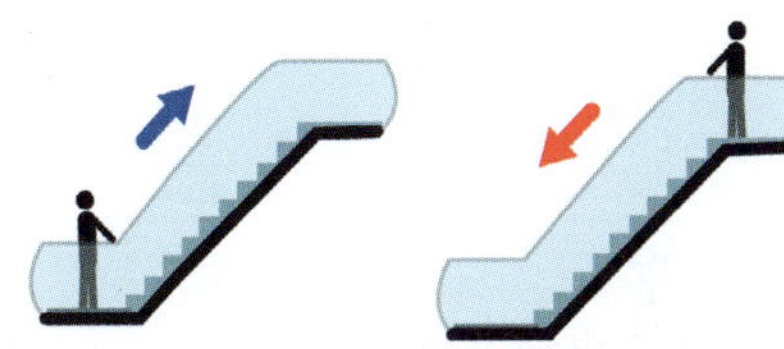

........................ ≠ ........................

## ¡Dilo como un(a) hispanohablante!

audio 35
www.lienmini.fr/at4-79

**Associe chaque expression à sa traduction, puis entraîne-toi à les dire avec la bonne intonation.**

| | |
|---|---|
| (A) Una ciudad sin prisas es una ciudad de sonrisas. • | • (1) *Je me suis éclaté(e) pendant le voyage !* |
| (B) Me lo he pasado fenomenal en el viaje. • | • (2) *Une ville sans hâte est une ville souriante.* |
| (C) Quien no ha visto Sevilla, no ha visto maravilla. • | • (3) *Qui n'a pas vu Séville, n'a pas vu de merveille.* |

# Desafíos de léxico

## A La ciudad

**Trouve les voyelles manquantes.**

a. P ..... R Q ..... .....

b. P L ..... Z .....

c. J ..... R D ..... N ..... S

d. C ..... L L .....

e. T ..... ..... N D .....

f. P ..... L ..... C ..... .....

## B Orientarse

audio 36
www.lienmini.fr/at4-80

**Relie les points selon les indications de l'audio et découvre le mot magique.**

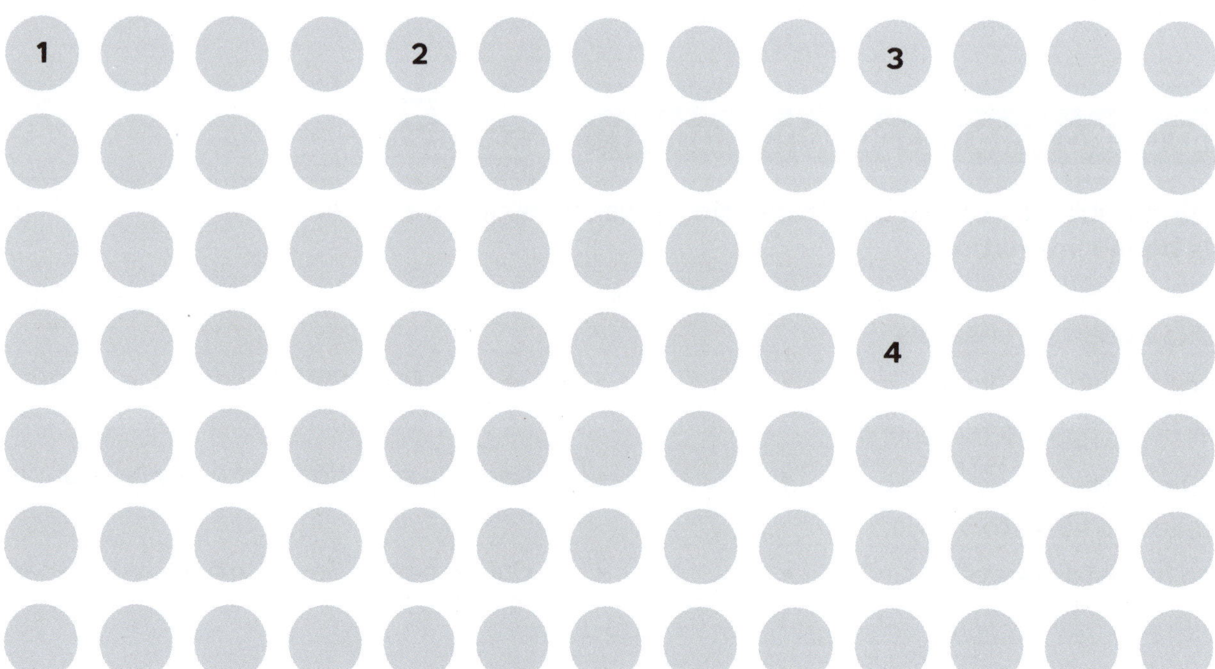


**La palabra mágica es** ..............................................

# C Las actividades turísticas

**1. Observe l'image et rédige cinq phrases pour raconter ce qu'ont fait les touristes.**

a. El turista ha… ……………………

……………………

……………………

b. ……………………

……………………

……………………

c. ……………………

……………………

……………………

d. ……………………

……………………

……………………

e. ……………………

……………………

……………………

Javier Monsalvett (ilustrador español), 2023.

**2. Écoute l'audio et dis de quelle activité il s'agit.** audio 37 www.lienmini.fr/at4-81

a. …………………… c. ……………………

b. …………………… d. ……………………

# Desafíos de gramática

## A L'impératif

**Complète la grille en conjuguant les verbes à l'impératif à la personne indiquée.**

**Horizontal**
1. hacer, vosotras
2. asistir, tú
3. subir, tú
4. cruzar, vosotras
5. girar, vosotros

**Vertical**
6. tomar, tú
7. descubrir, vosotros
8. tener, tú
9. hacer, tú
10. decir, tú

## B L'obligation impersonnelle

**Remets les éléments dans l'ordre pour former des phrases.**

a. Hay / madrileños. / visitar / los museos / que ……………………………………

……………………………………………………………………………………

b. comer / que / Hay / un bocadillo de calamares. ……………………………………

……………………………………………………………………………………

c. que / para tener / Hay / subir / al rascacielos / una vista impresionante. ……………

……………………………………………………………………………………

## C Le passé composé

**Utilise les verbes suivants en les conjuguant au passé composé pour compléter les phrases.**

ver — indicar — visitar — ir — asistir — perderse — pasear

**a.** Durante las vacaciones ........................................ de compras.

**b.** Lola ........................................ el museo del Prado y ........................................ cuadros de Goya.

**c.** Nosotros ........................................ en el centro de Sevilla y un sevillano nos ........................................ el trayecto para regresar *(retourner)* al hotel.

**d.** Mis amigas ........................................ por los jardines de Salamanca.

**e.** Tú ........................................ a espectáculos de flamenco.

## D Les prépositions de lieu

**Lis la carte postale envoyée par Lucía. Pour chaque phrase, entoure la bonne préposition.**

Hola Guille,

Estas vacaciones he ido **a / en / por** Sevilla.

Me he alojado[1] **a / en / por** una casa muy bonita.

He subido **a / en / por** la Giralda.

He pasado **a / en / por** el puente para descubrir el barrio de Triana.

¡Sevilla es una maravilla!

Un abrazo muy fuerte,

Lucía

Guillermo Serrano Álvarez

Calle Mayor, 28

28801 Alcalá de Henares

(Comunidad de Madrid)

1. *j'ai été logée*

# Balance

## Évaluation de la compréhension de l'écrit et de l'expression écrite

Comenzamos nuestra visita de Valladolid en la Plaza Mayor. […] Muy cerca de la Plaza Mayor se encuentra la calle de Platerías […]. Cierra la vía la iglesia de la Vera Cruz. […] Desde la iglesia de la Vera Cruz giramos a la derecha para llegar al entorno de la plaza de Portugalete. […] Te recomendamos que dediques unos minutos a la plaza de Santa Cruz, a apenas 100 metros. […] Continuamos nuestra visita por la calle de las Angustias, donde se encuentra el Teatro Calderón y la iglesia que da nombre a la vía. […] ¿Qué mejor para terminar la mañana que dejarnos conquistar por las tapas […] de Valladolid? Junto a San Benito encontramos una zona plagada[1] de bares y restaurantes y con el renovado Mercado del Val.

info.valladolid.es

1. *pleine*

**1. ¿De qué ciudad trata el texto?**

..................................................

**2. ¿Verdadero o falso? Justifica.**

a. Desde la iglesia de la Vera Cruz hay que girar a la izquierda para llegar a la plaza de Portugalete. ○ verdadero ○ falso

..................................................

b. En esta ciudad hay pocos restaurantes.
○ verdadero ○ falso

..................................................

..................................................

**3. ¿Qué <u>hay que</u> hacer en Valladolid?**

..................................................

..................................................

..................................................

..................................................

**4. Vuelves de tu viaje a Valladolid. En tu cuaderno, di lo que has hecho.**

## Évaluation de la compréhension de l'oral

audio 38
www.lienmini.fr/at4-82

**Escucha el audio y contesta las preguntas.**

**a.** **¿A qué ciudad nos propone viajar el locutor?** ..........................................................

**b.** **¿En qué comunidad autónoma se encuentra esta ciudad?**

○ La Rioja ○ Extremadura ○ Asturias

**c.** **¿Verdadero o falso?**

- Hay actividades de naturaleza. ○ verdadero ○ falso
- Puedes disfrutar del patrimonio de las cuatro culturas. ○ verdadero ○ falso
- No se puede visitar monumentos. ○ verdadero ○ falso

## Évaluation de l'expression orale

**Elige la ciudad que has estudiado en clase. Explícale a un(a) compañero/a por qué hay que visitar esta ciudad y lo que has hecho allí.**

## MON BILAN DE COMPÉTENCES

| | | | |
|---|---|---|---|
| Je peux comprendre un texte de présentation d'une ville espagnole. | | | |
| Je sais raconter par écrit les activités réalisées au cours d'un voyage. | | | |
| Je peux comprendre une émission de radio sur une ville espagnole. | | | |
| Je sais parler des lieux d'intérêts d'une ville et raconter ce que j'y ai fait. | | | |

Manuel p. 98

Manuel p. 114

# Repaso léxico

## La sociedad

**1.** **Complète la planche lexicale.**

.........................................

.........................................

.........................................

.........................................

.........................................

**2.** **Associe chaque illustration au mot qui correspond.**

•

•

•

•

• el campesino
*le paysan*

• el oro
*l'or*

• la llama
*le lama*

• el ejército
*l'armée*

## Los rituales

**Complète la planche lexicale.**

los ..............................

el ..............................

..............................

el sacrificio >

(verbe) ..............................

la ofrenda >

(verbe) ..............................

adorar =

(verbe) ..............................

..............................

## Los conectores

**Complète la ligne temporelle avec les étiquettes.**

**para terminar** | **después** | **por último** | **luego** | **primero** | **a continuación** | **para empezar**

INICIO → FINAL

.............................. .............................. ..............................

.............................. .............................. ..............................

..............................

# DESAFÍOS DE LÉXICO

## A La sociedad

**Recherche dans la grille les mots correspondant aux images ci-dessous. Un mot supplémentaire se cache dans la grille, sauras-tu le retrouver ?**

……………………………………

……………………………………

……………………………………

Mot supplémentaire : ……………………………………

| | | | | | | | | | |
|---|---|---|---|---|---|---|---|---|---|
| S | E | U | B | Z | X | O | S | C | F |
| D | K | M | D | U | M | T | E | A | Z |
| X | C | L | J | J | O | W | O | L | N |
| R | I | T | S | Y | N | D | V | E | S |
| A | U | W | U | X | E | T | W | N | Y |
| S | D | R | W | L | D | C | P | D | V |
| O | A | T | M | D | A | J | Z | A | B |
| N | D | H | S | F | I | X | T | R | W |
| G | U | E | R | R | E | R | O | I | F |
| M | H | K | X | E | Y | Y | V | O | L |

## B Los rituales

**1. Complète les phrases suivantes avec les étiquettes.**

dioses | el sacerdote | adorar | sacrificios

a. …………………………… tenía la misión de proponer y oficiar el culto.

b. Los pueblos precolombinos creían en varios …………………………… .

c. Los incas realizaban …………………………… para evitar catástrofes y honrar *(honorer)* a sus dioses.

d. …………………………… significa rendir culto a alguien.

**2.** **Retrouve dans cette image de Quetzalcóatl les mots en lien avec les rituels précolombiens. Attention, il y a un intrus !**

.......................................................

.......................................................

.......................................................

.......................................................

.......................................................

.......................................................

**¿SABES QUÉ?**

Quetzalcóatl est une divinité aztèque. Son nom signifie « serpent à plumes » en langue nahuatl (*quetzal* = oiseau ; *coatl* = serpent).

## C Los conectores

**1.** **Associe chaque connecteur logique à sa traduction.**

| pero | porque | aunque | también | luego |
|---|---|---|---|---|
| • | • | • | • | • |
| • | • | • | • | • |
| *même si* | *mais* | *aussi* | *parce que* | *ensuite* |

**2.** **Replace les étiquettes au bon endroit dans le texte.**

porque | después | pero | primero | para terminar

.................... quiero contaros cómo vivían los mayas .................... tengo muchas ganas de compartir mis conocimientos. ¡ .................... no os penséis que lo sé todo! .................... os voy a decir lo que más me ha impresionado sobre las civilizaciones precolombinas y .................... os voy a mostrar un tebeo que he hecho sobre los sacrificios que realizaban los incas.

# Desafíos de gramática

## A L'imparfait de l'indicatif

**1.** **Replace sur les marches du temple maya les verbes conjugués en face des pronoms correspondants.**

conocían — viviáis — protegía — adoraba — construías — celebrábamos

**2.** **Utilise les éléments des différentes colonnes pour former trois phrases en conjuguant les verbes à l'imparfait.**

| | | |
|---|---|---|
| El juego de pelota maya | construir | «pok ta pok» |
| Los mayas | llamarse | el dios del sol |
| Inti Raymi | ser | templos |

## B La traduction de « on »

**Réécris les phrases en utilisant *se* + 3e personne et en conjuguant le verbe au temps qui convient.**

a. En la época inca, (hacer) sacrificios humanos.

..........................................................................................

..........................................................................................

b . Hoy en día, (decir) que los mayas eran buenos astrónomos. ..........................................................................

..........................................................................................

c. Hoy en día, todavía (celebrar) el Inti Raymi.

..........................................................................................

..........................................................................................

Celebración del Inti Raymi en Cusco (Perú).

## C L'expression de la continuité

**Entoure la bonne réponse pour former des phrases correctes.**

a. Los niños en México **sigue / siguen** jugando al juego de pelota maya.

b. El chocolate es un producto que **sigue / siguen** tomándo todo el mundo.

c. Las civilizaciones precolombinas **sigue / siguen** siendo apasionantes y misteriosas.

## D *al* + infinitif

**Forme des phrases en utilisant *al* + infinitif comme dans l'exemple.**

**Ex. :** Ver las imágenes / imaginar (yo) la historia → Al ver las imágenes imaginaba la historia.

a. Escuchar los tambores / despertarse (los aztecas) → ..........................................................................

..........................................................................................

b. Conocer las reglas / jugar (ellos) al juego → ..........................................................................

c. Hacer el sacrificio / proteger (el dios) a su pueblo → ..........................................................................

..........................................................................................

# Balance

## Évaluation de la compréhension de l'écrit et de l'expression écrite

En la época de la conquista española, la ciudad de México englobaba a la vez a Tenochtitlán y Tlatelolco. La plaza central de Tenochtitlán, como las de los barrios, debía servir como mercado. […] Se vendía maíz, […] cacao […] y mil especies de legumbres y de hierbas. […] Los mexicas[1] no tomaban alimento al despertar, su desayuno era después de algunas horas de trabajo, cerca de las diez de la mañana. […] El almuerzo[2] era tomado al mediodía casi siempre, consistía en tortillas, […] tomate... Consumían poca carne y bebían agua simple. […] Se tomaban una pequeña siesta después del almuerzo.

María Guadalupe Flores Rodríguez, ***La vida cotidiana de los habitantes de Tenochtitlán***, 2021.

**1.** *autre nom des Aztèques* - **2.** *le déjeuner*

**1. Lee el texto y di si estas afirmaciones son verdaderas o falsas. Justifica con el texto.**

**a.** Tlatelolco formaba parte de lo que hoy se conoce como la ciudad de México.
○ verdadero ○ falso ........................................

........................................

**b.** La plaza principal de Tenochtitlán servía como plaza de fiestas. ○ verdadero ○ falso

........................................

........................................

**c.** La gente podía comprar maíz, cacao, legumbres y hierbas. ○ verdadero ○ falso

........................................

........................................

**d.** Los mexicas tomaban el desayuno al despertar.
○ verdadero ○ falso ........................................

........................................

**e.** Los mexicas consumían poca carne.
○ verdadero ○ falso ........................................

........................................

**2. A la manera de este texto, redacta en tu cuaderno una presentación de la civilización que has estudiado en clase (5 frases).**

## Évaluation de la compréhension de l'oral

audio 39
www.lienmini.fr/at4-83

**Escucha la explicación que Citlali hace de su civilización y rellena el cuadro.**

| | |
|---|---|
| Nombre de la civilización | |
| Relación con la naturaleza *(nature)* | |
| Creencias | |
| Juego que practicaban | |

## Évaluation de l'expression orale

**Mira el mapa de las civilizaciones precolombinas.**
**Elige una y da cinco datos que conoces.**

# MON BILAN DE COMPÉTENCES

| | 😬 | 😅 | 😁 |
|---|---|---|---|
| Je peux comprendre un texte sur le quotidien de civilisations précolombiennes. | | | |
| Je peux rédiger la présentation d'une civilisation précolombienne. | | | |
| Je peux comprendre une Mexicaine qui parle de la civilisation de ses ancêtres. | | | |
| Je suis capable de parler d'une des trois civilisations précolombiennes. | | | |

**unidad 9**

Manuel p. 126

**thème E**

**CUIDEMOS DEL PLANETA**

**&**

**unidad 10**

Manuel p. 138

# REPASO LÉXICO

## El medioambiente

**Complète la planche lexicale.**

> el basurero

*la poubelle* *la décharge* *les déchets*

## Los gustos

**Place les étiquettes au bon endroit.**

me gusta(n) | me encanta(n) | me maravilla(n) | me molesta(n)

.............................. .............................. .............................. ..............................

## Cuidar del planeta

**Complète la planche lexicale.**

..............................

..............................

..............................

.............................. > el reciclaje

## ¡Dilo como un(a) hispanohablante!

audio 40
www.lienmini.fr/at4-84

**Écoute les expressions et entraîne-toi à les répéter.**

**a.** Si cuidamos la Tierra, la Tierra nos cuidará.

*(Si nous prenons soin de la Terre, la Terre prendra soin de nous.)*

**b.** Ya no se estila. *(Ce n'est plus à la mode.)*

**c.** Vestirse de punta en blanco. *(S'habiller avec élégance.)*

# Desafíos de léxico

## A El medioambiente

1. Complète la grille de mots-croisés à l'aide des images.

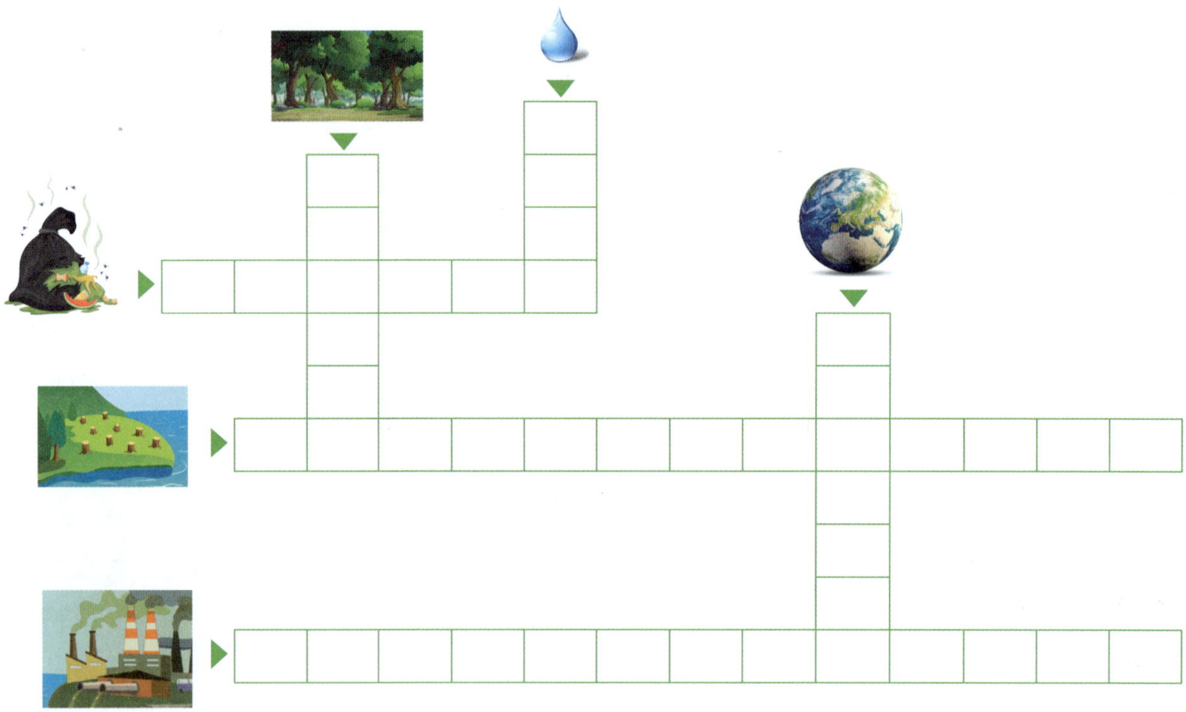

2. Écoute l'audio et retrouve dans le nuage de mots ceux que tu as entendus en lien avec le thème de l'environnement.

audio 41
www.lienmini.fr/at4-85

a. ..............................

b. ..............................

c. ..............................

d. ..............................

e. ..............................

f. ..............................

hablar
casa tener HOY
molestar NATURALEZA
DISFRUTAR ducha encantar
PROTEGER día CAMINAR
CAUTIVAR leer familia
planeta cantar
EJEMPLO DECIR molestar
basura importante
BAILAR CONTENIDOS
PERSONA COMER reciclar
subir VENIR BAILAR
CONTAMINACIÓN
tomar

## B Cuidar del planeta

**1. Relie les verbes à leur traduction.**

| | | | |
|---|---|---|---|
| limpiar | • | • | *réduire* |
| reducir | • | • | *nettoyer* |
| reutilizar | • | • | *réutiliser* |

**2. Retrouve dans la grille les mots suivants en espagnol.**

- recycler
- recyclage
- tuer
- sauver

| | | | | | | | | | |
|---|---|---|---|---|---|---|---|---|---|
| A | K | J | G | O | R | I | S | O | Z |
| V | C | Q | P | N | E | M | U | D | Ñ |
| O | R | F | A | L | C | B | Q | N | S |
| G | T | J | S | V | I | H | M | R | X |
| W | R | E | C | I | C | L | A | J | E |
| C | L | F | B | P | L | A | T | D | Y |
| H | O | I | E | R | A | E | A | I | M |
| S | A | L | V | A | R | T | R | N | U |

**3. Utilise les étiquettes pour formuler quatre solutions pour protéger la planète. Attention, tu ne peux utiliser chaque étiquette qu'une seule fois.**

la basura — reutilizar — la contaminación — reciclar

la naturaleza — cuidar de — reducir — los objetos

..........................................................................................

..........................................................................................

..........................................................................................

..........................................................................................

# Desafíos de gramática

## A Le futur

**Relie chaque verbe à la terminaison qui convient.**

| | |
|---|---|
| vosotras salvar | é |
| yo reutilizar | án |
| nosotros limpiar | éis |
| Carmen reciclar | ás |
| tú reducir | emos |
| ellos proteger | á |

## B L'enclise

**Transforme les phrases suivant le modèle.**

**Ex :** Es necesario separar los residuos.
→ Es necesario separarlos.

**a.** Es importante reutilizar las botellas.

........................................

**b.** Podemos reciclar los objetos.

........................................

**c.** Puedes reducir tu consumo.

........................................

**d.** El reciclaje es útil para preservar el planeta.

........................................

## C Les pourcentages

**Remets les éléments dans l'ordre pour former des phrases.**

**a.** solo / un 11% / de las botellas / España / recicla / de plástico.

........................................

**b.** de reciclar. / que el plástico / de los Argentinos / piensa / es fácil / El 85%

........................................

**c.** son microfibras textiles. / de los desechos plásticos / El 30% / en el océano

........................................

**d.** no actuamos. / aumentará de / La contaminación / un 40 % / si

........................................

# D Les verbes à tournure affective

**1. Ordonne les mots suivants pour former des phrases.**

a. la naturaleza. / Me / proteger / gusta

..............................................................................................................................................

b. preservar / Me / las ideas / para / nuestro / encantan / nuevas / planeta.

..............................................................................................................................................

c. Nos / reducir / movilizarnos / para / del / planeta. / mola / la contaminación

..............................................................................................................................................

d. la deforestación. / Les / combatir / encanta

..............................................................................................................................................

**2. Observe l'image et dis ce que Mara aime ou n'aime pas.**

- no gustar / molestar
- gustar
- encantar / maravillar

.................................................................... ....................................................................

.................................................................... ....................................................................

.................................................................... ....................................................................

# Balance

## Évaluation de la compréhension de l'écrit

Con el objetivo de promover la sostenibilidad, el consumo responsable y fortalecer el espíritu colaborativo, la Escuela de Arte y Superior de Diseño Fernando Estévez ha puesto en marcha una Caja[1] de trueque (*Give box*), un espacio para dejar, recoger o intercambiar libros, ropa y cualquier objeto. […] La Caja estará disponible y en funcionamiento por un tiempo indeterminado […], además, es autosuficiente y no tiene responsables directos. «Se pueden dejar cosas nuevas o usadas que estén en buenas condiciones, en especial, material de dibujo o pintura, que tanto solemos usar», añaden los alumnos.

***Diario de avisos, El Periódico de Tenerife*, 2023.**

1. *boîte*

**Lee el texto y di si estas afirmaciones son verdaderas o falsas.**

a. La Caja de trueque es una nueva escuela. ○ verdadero ○ falso

b. En la Caja de trueque se pueden intercambiar objetos, ropa, libros. ○ verdadero ○ falso

c. Solo se pueden dejar cosas nuevas en la Caja. ○ verdadero ○ falso

d. La Caja pertenece a una persona. ○ verdadero ○ falso

## Évaluation de la compréhension de l'oral

audio 42
www.lienmini.fr/at4-86

**1.** Escucha el audio y rodea entre las palabras siguientes las tres «R».

reutilizar — reivindicar
renovar — reciclar
reducir — realizar

**2.** Apunta en el cuadro las tres «R» e indica qué significan.

| Las tres «R» | Significa... |
|---|---|
| | |
| | |
| | |

## Évaluation de l'expression orale

Con la ayuda de los dibujos, formula:

a. tres frases afirmativas para indicar qué harás para proteger el planeta.

b. dos frases negativas para decir lo que no harás.

## Évaluation de l'expression écrite

Eres el/la nuevo/a ministro/a de la ecología.
Redacta tu programa en 10 puntos. Utiliza el futuro.

## MON BILAN DE COMPÉTENCES

| |  |  |  |
|---|---|---|---|
| Je comprends un texte présentant une initiative écologique. | | | |
| Je comprends un audio listant les règles de base pour protéger la planète. | | | |
| Je suis capable de donner des solutions pour la protection de la planète. | | | |
| Je peux rédiger des propositions pour la préservation de l'environnement. | | | |

# Repaso léxico

## El desfile

**Complète la planche lexicale. N'oublie pas les articles devant les noms.**

..........................................

..........................................

*les gens*

..........................................

*le déguisement*

## Divertirse

**Complète la planche lexicale.**

..........................................

..........................................

..........................................

*se déguiser*

..........................................

*profiter*

..........................................

*jeter du talc*

..........................................

*se moquer*

# Desafíos de léxico

## Los valores del carnaval

**1. Traduis ces mots en espagnol pour compléter la grille.**

**Horizontal**

1. diversité
2. commémorer
3. égalité

**Vertical**

4. respect
5. tolérance

**2. Remets les lettres dans l'ordre pour former des mots.**

a. L I D G A U D A ..............................

b. O T E P S E R ..............................

c. P C I M T O R A R ..............................

d. N O A T R E I L C A ..............................

# Desafíos de gramática

## A Les verbes à affaiblissement

**1. Conjugue les verbes à affaiblissement suivants au présent de l'indicatif.**

a. La gente (vestirse) .................................... para acudir al desfile.

b. Diego y Tahiana (decir) .................................... que les encanta la batalla de flores.

c. (Seguir, nosotros) .................................... el desfile en las calles de Barranquilla.

d. Mi hermana (pedir) .................................... permiso para asistir al carnaval.

**2. Aide la reine du carnaval de Barranquilla à rejoindre le Rey Momo en suivant les verbes à affaiblissement.**

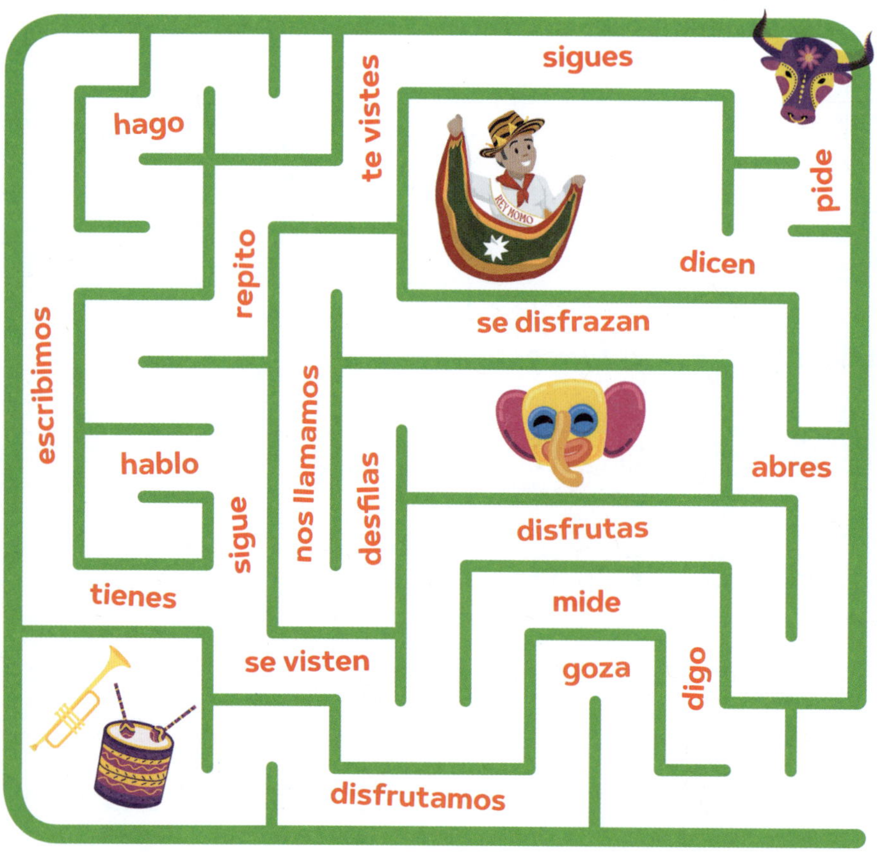

## B Les mots interrogatifs

**1.** Retrouve les 10 mots interrogatifs cachés dans la grille.

| | | | | | | | | | | |
|---|---|---|---|---|---|---|---|---|---|---|
| C | U | Á | N | T | A | N | G | C | I | N |
| F | J | E | L | O | H | C | U | Á | L | M |
| Ó | B | P | Q | M | C | A | L | P | S | B |
| C | E | C | K | D | Ó | N | D | E | Á | F |
| F | Í | U | D | É | M | Á | C | D | E | R |
| C | U | Á | N | T | O | S | H | Q | U | É |
| É | L | N | R | Ó | V | G | E | U | Í | P |
| N | P | D | H | B | F | I | G | I | S | L |
| D | Á | O | C | U | Q | U | I | É | N | É |
| O | H | G | B | M | W | Í | Z | N | Ñ | Y |
| C | U | Á | L | E | S | X | N | E | Ó | R |
| A | D | M | K | Q | J | P | O | S | L | Ú |

**2.** Écoute l'interview et note les questions posées par le journaliste.

audio 43
www.lienmini.fr/at4-87

Reyes del carnaval de los niños de Barranquilla, 2023.

# Repaso léxico

## El amor | El día de Sant Jordi

Complète la planche lexicale.

.............................. .............................. .............................. .............................. ..............................

## La leyenda

**1.** Complète la planche lexicale. N'oublie pas les articles devant les noms.

..............................

..............................

.............................. .............................. ..............................

**2.** Trouve le synonyme (=) ou l'antonyme (≠) des mots suivants.

**a.** salvar ≠ ..............................................................

**b.** proteger = ..............................................................

# Desafíos de léxico

## A El día de Sant Jordi

**1. Retrouve le synonyme de chaque mot. Aide-toi des étiquettes.**

regalar — una costumbre — celebrar — una rosa

a. una flor → ..........

b. ofrecer → ..........

c. festejar → ..........

d. una tradición → ..........

**2. Observe les images et formule trois phrases pour décrire la fête de Sant Jordi.**

a. 

b. 

c. 

..........

..........

## B El amor

**1. Forme cinq mots à partir des syllabes suivantes. Tu peux utiliser deux fois la même syllabe.**

E — NA — LO — MO — RAR — CO — RA — DO — A — MOR — MAR

a. .......... b. .......... c. .......... d. .......... e. ..........

**2. Certains mots de cette lettre d'amour ne sont pas lisibles. Complète-la avec les étiquettes ci-dessous.**

sonrisa — estoy — encantan — amas — enamorado — amor

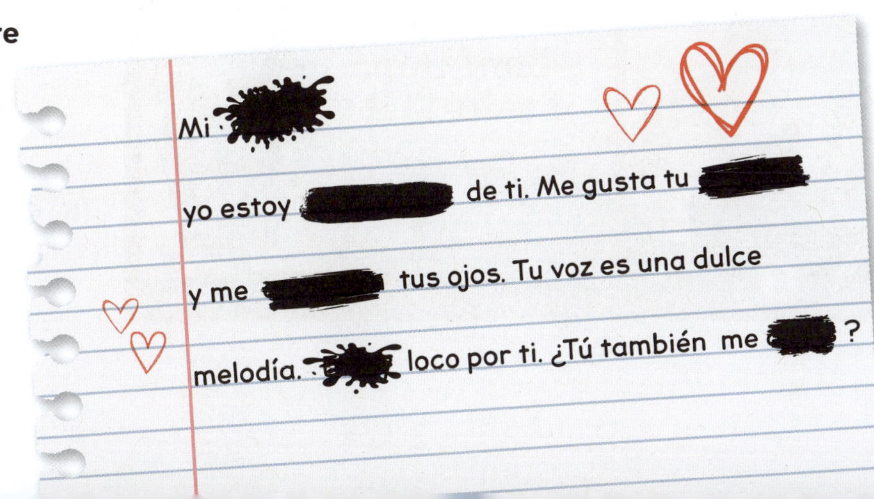

## C La leyenda

**1. Entoure l'intrus dans chaque liste de mots.**

a. la princesa / el caballero / la lanza / el dragón

b. proteger / leer / salvar / defender

c. el caballero / la lanza / el escudo / escupir llamas

**2. Observe le document et à l'aide du lexique, imagine ce que disent les personnages.**

1. Feliz Sant Jordi, día del libro

### LÉXICO

- **¡No es posible!** *Ce n'est pas possible !*
- **llevarse a una persona:** *emmener quelqu'un*
- **ser pesado/a:** *être casse-pieds*
- **lo siento:** *je suis désolé(e)*

A DRAGÓN: ..................................................

..................................................

PRINCESA: ..................................................

B CABALLERO: ..................................................

..................................................

C CABALLERO: ..................................................

..................................................

D PRINCESA: ..................................................

..................................................

..................................................

E CABALLERO: ..................................................

PRINCESA: ..................................................

..................................................

# Desafíos de gramática

## A L'expression de l'habitude

**1. Associe chaque pronom personnel sujet à la conjugaison qui correspond.**

| | |
|---|---|
| yo • | • solemos |
| tú • | • suele |
| él/ella • | • soléis |
| nosotros/as • | • suelo |
| vosotros/as • | • suelen |
| ellos/ellas • | • sueles |

**2. Complète les phrases avec la bonne conjugaison du verbe *soler*.**

suelo sueles suele solemos suelen

**a.** El dragón .................................... ser malo.

**b.** Los caballeros .................................... salvar a las princesas.

**c.** Nosotros .................................... descubrir leyendas españolas.

**d.** ¿Tú .................................... leer?

**e.** Yo .................................... celebrar el día de Sant Jordi.

**3. Complète le texte avec le verbe *soler* conjugué à la bonne personne.**

El día 23 de abril .................................... ser un día importante para la Literatura mundial. Muchos países como España .................................... celebrar el día internacional del libro. Este día, también .................................... conmemorar a grandes autores como Cervantes o Shakespeare. Los españoles .................................... comprar muchos libros.

## B Les adjectifs possessifs

**Colorie les adjectifs possessifs selon la légende indiquée et découvre le dessin caché.**

- 1^re^ personne du singulier
- 2^e^ personne du singulier
- 3^e^ personne du singulier
- 1^re^ personne du pluriel
- 2^e^ personne du pluriel
- 3^e^ personne du pluriel

# Misterio en Alcalá

Los personajes de tu serie

**LOS PROTAGONISTAS**

Alba

Quique

Chus

Pablo

Lorena

Actúa con tus compañeros. Elige tu papel *(choisis ton rôle)* y prepárate con el guion.

## Episodio 1 «En un lugar de la Mancha...»

Manuel p. 166

**El narrador:** ¡Y aquí está Lorena! La mejor amiga de Alba. Una chica inteligente y supersimpática. Y para Quique, además, una chica superamable, superguapa, superestilosa, súper...

*[Alba, Quique, Pablo et Lorena s'assoient sur le canapé. Lorena sort son téléphone de sa poche.]*

**Lorena:** ¡Mi móvil nuevo!

**Alba:** ¡Qué chulo!

**Quique:** No como el mío, que es viejísimo. Y no puedo siquiera bloquearlo con un código.

**Chus:** Chicos, un momento. ¡Escuchadme! Tengo algo que anunciaros...

**Actúa con tus compañeros. Elige tu papel *(choisis ton rôle)* y prepárate con el guion.**

## Episodio 2 Llegada a Alcalá de Henares

Manuel p. 167

**Quique:** ¿Podemos entrar ya? ¡Seguro que hay tele!

**Alba:** ¿Mamá, estás bien? No tienes buena cara.

**Chus:** No, me duele la tripa y la cabeza. Tengo que descansar. Empezad la visita sin mí.

**Quique:** Mejor te esperamos aquí.

**Chus:** ¡De eso nada! Tenemos un programa. Aquí tengo el plano con el itinerario programado de 11 de la mañana a 6 de la tarde: plazas y monumentos, el Museo Casa Cervantes, la calle Mayor, el Parque O'Donnell...
Toma, Pablo, haz tú de guía. Y tú, Quique, lleva los bocadillos y el agua.

**Alba:** ¿Seguro, mamá?

**Quique:** ¿No quieres llamar a un médico?

**Chus:** No. Seguro que se me pasa en un rato. Vamos dentro a dejar los equipajes y así salís cuanto antes.

**Actúa con tus compañeros. Elige tu papel *(choisis ton rôle)* y prepárate con el guion.**

## Episodio 3 Un mal día

Manuel p. 168

**Pablo:** A ver. Estamos aquí. Para ir al museo tenemos que tomar la primera a la derecha, luego giramos...

**Quique:** ¡Qué rollo! ¿No preferís que vayamos a... *[Il se tourne du côté où il avait posé le sac à dos.]* ¡La mochila! ¡Me la han robado!

**Lorena:** ¿Qué había en la mochila?

**Alba:** ¡Los bocatas!

**Quique:** Los bocatas, los bocatas... ¡Y mi móvil!

**Lorena:** *[Elle sort son téléphone de sa poche et passe un appel.]* Te llamo... Da señal, pero no contesta nadie.

**Pablo:** ¿Vamos a la Policía?

**Actúa con tus compañeros. Elige tu papel *(choisis ton rôle)* y prepárate con el guion.**

## Episodio 4 ¿Qué nos quiere ese tipo?

Manuel p. 169

**Alba:** ¿Qué estás mirando?

**Lorena:** Tiene que haber alguna pista.

**Alba:** A lo mejor solo está jugando con nosotros.

**Quique:** Ya os he dicho yo que este tío está un poco... *[Il fait un geste de la main pour exprimer la folie.]*

**Lorena:** No... ¡Sí! ¡Mirad! En ese banco, ¿no es su gorra? *[Ils se dirigent vers le banc. Lorena prend la casquette.]* Parece suya... y pone «La sos-te-ni-ble»... ¿Qué será?

**Pablo:** Espera, busco... *[Il cherche sur son téléphone portable.]* ¡Bingo! Es una tienda de segunda mano y de comercio justo, de aquí de Alcalá.

**Quique:** Otra vez a movernos...

**Alba:** ¡Venga, Quique! Seguro que podremos ver algo de ropa...

**Lorena:** ¡Y amuletos!

**Pablo:** Seguro que tienen libros...

**Alba:** ¡En marcha!

# Misterio en Alcalá

Actúa con tus compañeros. Elige tu papel *(choisis ton rôle)* y prepárate con el guion.

## Episodio 5 ¡Vaya sorpresa!

Manuel p. 170

**Lorena:** ¡Cómo mola esta chaqueta! Está hecha de algodón sostenible y es de segunda mano.

**Quique:** ¡Anda! ¡Pajitas comestibles! Quiero probar.

**Pablo:** ¡Hay un montón de cómics!

**Alba:** ¿Has visto? ¡Un llavero de cuero vegetal! ¿Se lo regalamos a mamá?

**Quique:** Y a papá este calendario solidario para salvar animales. *[Lorena essaye la veste. Quique la regarde avec un sourire béat. Alba le sort de ses pensées.]* ¿Quéeee?

**Alba:** Anda, vamos a ver si la dependienta conoce a nuestro hombre.

# Mi desafío de fin de año

**Sauras-tu te souvenir de ce que tu as étudié durant l'année ? Découpe cette page pour tester tes connaissances en espagnol pendant les vacances.** 😎

**1** Cita el nombre de un héroe o de una heroína hispánico/a.

Capitán Escudo, Coquitoman, Superlópez, Superpan, Zadrigman, Superbarrio, Lorena Ramírez, Sara Andrés, Ariana Palombo…

U1 & U2

**2** Cita dos cualidades de un(a) héroe/heroína.

honesto/a, justo/a, bueno/a, valiente, serio/a

U1 & U2

**3** ¿Qué significa en francés «el bienestar»?

le bien-être

U3 & U4

**4** Cita tres asignaturas.

Lengua, Sociales, Matemáticas, Física y Química, Educación Física, Música, Tecnología…

U3 & U4

**5** Cita tres actividades que puedes hacer cuando visitas una ciudad.

dar un paseo, sacar/hacer fotos, ir de compras, tomar algo, visitar un museo…

U5 & U6

**6** Traduce: *«va tout droit et tourne à gauche».*

Ve todo recto y gira a mano izquierda.

U5 & U6

**7** ¿Creían las civilizaciones precolombinas en una sola divinidad?

No, eran politeístas.

U7 & U8

# Mi desafío de fin de año

**8**

**Da los tres verbos que son irregulares en el imperfecto del indicativo *(imparfait de l'indicatif)*.**

ser, ir, ver

**U7 & U8**

**9**

**Da tres verbos relacionados con la ecología.**

reciclar, reutilizar, reducir

**U9 & U10**

**10**

**Conjuga en futuro el verbo «cuidar» en 1ª persona del plural.**

cuidaremos

**U9 & U10**

**11**

**¿Qué significa en francés «el medioambiente»?**

l'environnement

**U9 & U10**

**12**

**Cita una fiesta colombiana.**

el carnaval de Negros y Blancos / el carnaval de Barranquilla

**U11**

**13**

**Cita cinco palabras interrogativas.**

cómo, por qué, dónde, cuándo, cuánto/a(s), quién(es), qué, cuál(es)

**U11**

**14**

**Cita dos cosas que la gente ofrece para el día de Sant Jordi.**

una rosa y un libro

**U12**

**15**

**¿Cómo se dice *«avoir l'habitude de...»*?**

soler

**U12**

EMPEZAMOS

## Les mots interrogatifs

¿**Cómo** te llamas?
*comment*

¿**Dónde** vives?
*où*

¿**Cuántos** años tienes?
*combien*

¿**De dónde** vienes?
*d'où*

¿**Quién** es?
*qui*

¿**Cuál** es la fecha de hoy?
*quelle*

¿**Cuándo** vienes?
*quand*

¿**Por qué** no vienes?
*pourquoi*

© Magnard 2023



U1 & U2

## La comparaison

**le comparatif de SUPÉRIORITÉ**
sujet + verbe + **MÁS** + adjectif + **que** + complément
➜ *Sancho Panza es **más** gordo **que** Don Quijote.*

**le comparatif D'INFÉRIORITÉ**
sujet + verbe + **MENOS** + adjectif + **que** + complément
➜ *Don Quijote es **menos** bajo **que** Sancho Panza.*

**le comparatif D'ÉGALITÉ**
sujet + verbe + **TAN** + adjectif + **COMO** + complément
➜ *Don Quijote es **tan** famoso **como** Sancho.*

© Magnard 2023



U1 & U2

## Les verbes pronominaux

**Voici un verbe pronominal : ocuparse**
À présent, décortiquons-le :

ocup → radical
ar → terminaison
se → pronom réfléchi

ocupar(se)

| | | |
|---|---|---|
| yo | me | ocupo |
| tú | te | ocupas |
| él/ella | se | ocupa |
| nosotros/as | nos | ocupamos |
| vosotros/as | os | ocupáis |
| ellos/ellas | se | ocupan |

© Magnard 2023



U1 & U2

## Les verbes à diphtongue

| JUGAR (jouer) | VOLAR (voler) | DEFENDER (défendre) |
|---|---|---|
| u → ue | o → ue | e → ie |
| juego | vuelo | defiendo |
| juegas | vuelas | defiendes |
| juega | vuela | defiende |
| jugamos | volamos | defendemos |
| jugáis | voláis | defendéis |
| juegan | vuelan | defienden |

© Magnard 2023

U1 & U2

## Le présent de l'indicatif

| AYUDAR (aider) | LEER (lire) | COMPARTIR (partager) |
| --- | --- | --- |
| ayudo | leo | comparto |
| ayudas | lees | compartes |
| ayuda | lee | comparte |
| ayudamos | leemos | compartimos |
| ayudáis | leéis | compartís |
| ayudan | leen | comparten |

© Magnard 2023

5

U1 & U2

## Le verbe *ser*

| SER (être) | |
| --- | --- |
| yo | **soy** |
| tú | **eres** |
| él/ella | **es** |
| nosotros/as | **somos** |
| vosotros/as | **sois** |
| ellos/ellas | **son** |

***Ser*** s'emploie pour décrire physiquement et moralement une personne.
→ ***Es*** *alto y gordito.*
*(Il est grand et gros.)*
→ *Mi heroína favorita* ***es*** *muy honesta.*
*(Mon héroïne préférée est très honnête.)*

© Magnard 2023

6

U1 & U2

## Le verbe *estar*

| ESTAR (être) | |
| --- | --- |
| yo | **estoy** |
| tú | **estás** |
| él/ella | **está** |
| nosotros/as | **estamos** |
| vosotros/as | **estáis** |
| ellos/ellas | **están** |

***Estar*** s'emploie pour :
- exprimer un état passager
→ ***Estoy*** *nervioso. (Je suis nerveux.)*
- situer dans l'espace
→ ***Estoy*** *en el autobús. (Je suis dans le bus.)*

© Magnard 2023

7

U3, U4 & U11

## Les verbes à affaiblissement

| PEDIR (demander) | DECIR (dire) |
| --- | --- |
| e → i | e → i |
| pido | digo |
| pides | dices |
| pide | dice |
| pedimos | decimos |
| pedís | decís |
| piden | dicen |

© Magnard 2023

8

U3 & U4

## Le subjonctif présent

| ESTUDIAR (étudier) | APRENDER (apprendre) | COMPARTIR (partager) |
|---|---|---|
| estudie | aprenda | comparta |
| estudies | aprendas | compartas |
| estudie | aprenda | comparta |
| estudiemos | aprendamos | compartamos |
| estudiéis | aprendáis | compartáis |
| estudien | aprendan | compartan |

Le subjonctif présent s'emploie :

- après des verbes exprimant le souhait, la demande, le conseil
  → ***Te pido que aprendas** tus lecciones.*
- pour exprimer une interdiction
  → ***No hables** en clase.*

**Irréguliers**
→ voir p. 172 de ton manuel

© Magnard 2023

9

U3 & U4

## Le collège

el aula

el comedor escolar

el patio de recreo

la enfermería

las asignaturas

© Magnard 2023

10

U3 & U4

## L'heure

en punto

menos cuarto

y cuarto

y media

 de la mañana

 de la tarde

 de la noche

→ *Las clases **comienzan a las ocho** de la mañana.*
→ *El miércoles las clases **terminan a la una** de la tarde.*
→ *Tengo clase de inglés **de las dos a las tres** de la tarde.*

© Magnard 2023

11

U3 & U4

## Les activités quotidiennes

despertarse

levantarse

desayunar

coger el autobús

ir a pie

estudiar

volver a casa

comer en casa

descansar

hacer los deberes

acostarse tarde/temprano

© Magnard 2023

12

# L'obligation

## L'obligation personnelle

*tener que* / *deber* } + verbe à l'infinitif

→ ***Tengo que*** *aprender mi lección.*
*(Je dois apprendre ma leçon.)*

## L'obligation impersonnelle

***hay que*** + verbe à l'infinitif

→ ***Hay que*** *visitar este museo.*
*(Il faut visiter ce musée.)*

© Magnard 2023

13

---

U5 & U6

# L'impératif

## 2e personne du singulier

Verbe à la 2e personne du singulier au présent de l'indicatif auquel on enlève le « s » final.

**visitas** → **visita**
~~s~~

## 2e personne du pluriel

Verbe à l'infinitif auquel on enlève le « r » final et on ajoute « d ».

**descubrir** → **descubrid**
~~r~~

**Les irréguliers (2e pers. sg.)**

| | | | | | |
|---|---|---|---|---|---|
| poner | → | **pon** | hacer | → | **haz** |
| salir | → | **sal** | tener | → | **ten** |
| ser | → | **sé** | decir | → | **di** |
| venir | → | **ven** | ir | → | **ve** |

© Magnard 2023

14

---

U5 & U6

# Le passé composé

**HABER** (auxiliaire) + participe passé (invariable)

| |
|---|
| **he** |
| **has** |
| **ha** |
| **hemos** |
| **habéis** |
| **han** |

\+ → **verbes en** *-ar* **= radical +** *-ado*

\+ → **verbes en** *-er* **et** *-ir* **= radical +** *-ido*

→ ***He andado*** *por la ciudad esta mañana.*
→ ***Hemos cogido*** *el autobús.*

⚠ **Participes passés irréguliers**
→ voir p. 172 de ton manuel

© Magnard 2023

15

---

U5 & U6

# Les prépositions

**A** : indique un mouvement vers une destination.
→ *Vamos* ***a*** *la Catedral de la Almudena.*

**DESDE** : indique la provenance.
**HASTA** : indique la destination.
→ *Hemos andado* ***desde*** *el museo* ***hasta*** *el supermercado.*

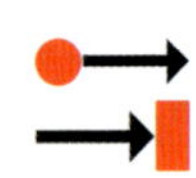

**POR** : indique une traversée ou la circulation dans un espace précis.
→ *Paso* ***por*** *la Plaza Mayor.*

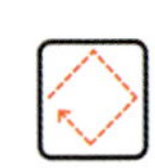

**EN** : indique le lieu dans lequel on est, sans idée de mouvement.
→ *Estamos* ***en*** *Sevilla para las vacaciones.*

© Magnard 2023

16

U5 & U6

## La ville

la calle

la plaza

el rascacielos

el parque / los jardines

el estadio

a mano izquierda ≠ a mano derecha

la tienda

el palacio

el río

© Magnard 2023

17

U5 & U6

## Les activités touristiques

ir de compras

tomar algo

asistir a un espectáculo

visitar un museo

hacer / sacar fotos

comer en un restaurante

dar un paseo por / pasear por

© Magnard 2023

18

TALLER DE ARTE

## *El 3 de mayo de 1808 en Madrid*

**Pintor:** Francisco José de **Goya** y Lucientes (1746-1828), pintor español
**Fecha:** 1814
**Lugar de conservación:** Museo del Prado, Madrid

© Magnard 2023

19

TALLER DE ARTE

## *La hora del baño*

**Pintor:** Joaquín **Sorolla** y Bastida (1863-1923), pintor español
**Fecha:** 1909
**Lugar de conservación:** Museo Sorolla, Madrid

© Magnard 2023

20

U7 & U8

# L'imparfait de l'indicatif

| ADORAR | CREER | VIVIR |
|---|---|---|
| adoraba | creía | vivía |
| adorabas | creías | vivías |
| adoraba | creía | vivía |
| adorábamos | creíamos | vivíamos |
| adorabais | creíais | vivíais |
| adoraban | creían | vivían |

**Voici les 3 seuls verbes irréguliers :**

ser → **era**
ir → **iba**
ver → **veía**

L'imparfait s'emploie pour décrire une action inachevée ou une répétition dans le passé.

© Magnard 2023



U7 & U8

# L'expression de la continuité

**CONTINUAR** / **SEGUIR** } + **verbe au gérondif**

| SEGUIR |
|---|
| sigo |
| sigues |
| sigue |
| seguimos |
| seguís |
| siguen |

→ ***Siguen practicando*** *el pok ta pok.*
→ ***Seguimos aprendiendo*** *muchas cosas de los Incas.*

⚠ *Seguir* est un verbe à affaiblissement.

**RAPPEL : LA FORMATION DU GÉRONDIF**

verbes en *-ar* = **radical** + *-ando*
verbes en *-ir* ou *-er* = **radical** + *-iendo*

© Magnard 2023



U7 & U8

# Les civilisations précolombiennes

© Magnard 2023



U9 & U10

# Les verbes à tournure affective

me / te / le / nos / os / les + **gusta** : verbe à l'infinitif / nom singulier

me / te / le / nos / os / les + **gustan** : nom au pluriel

Exemples :
→ ***Te gusta*** *reciclar.*
→ ***Nos gusta*** *la ecología.*
→ ***Me gustan*** *las tiendas de segunda mano.*

Le verbe ***gustar*** se construit comme le verbe « plaire » en français.

© Magnard 2023

U9 & U10

# Parler de ses goûts

**Pour parler de ce que j'aime**

**Pour parler de ce que je n'aime pas**

**Pour exprimer ce que je préfère**

© Magnard 2023

25

U9 & U10

# Le futur

Le futur exprime une action à venir.

| RECICLAR *(recycler)* | PROTEGER *(protéger)* | REDUCIR *(réduire)* |
|---|---|---|
| reciclaré | protegeré | reduciré |
| reciclarás | protegerás | reducirás |
| reciclará | protegerá | reducirá |
| reciclaremos | protegeremos | reduciremos |
| reciclaréis | protegeréis | reduciréis |
| reciclarán | protegerán | reducirán |

**Exemples de verbes irréguliers**

hacer → **haré** decir → **diré**
tener → **tendré** venir → **vendré**

© Magnard 2023

26

U9 & U10

# La nature
## (la naturaleza)

© Magnard 2023

27

U9 & U10

# L'environnement
## (el medioambiente)

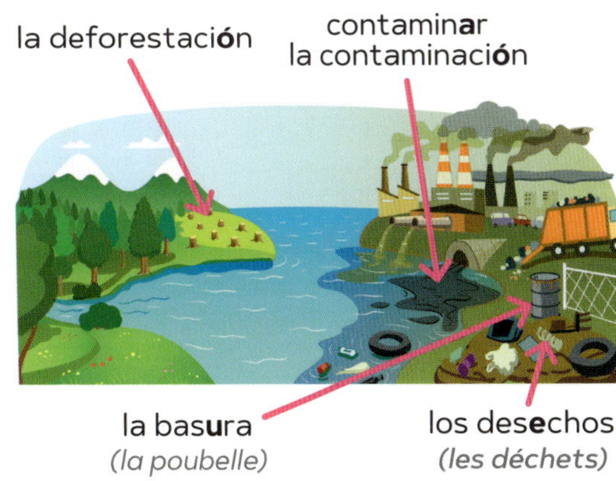

© Magnard 2023

28

U11

# Carnavales

la convivencia: *le vivre-ensemble*
la diversidad: *la diversité*
la igualdad: *l'égalité*
el respeto: *le respect*
el rey y la reina: *le roi et la reine*
la tolerancia: *la tolérance*
la unión: *l'union*
compartir: *partager*
conmemorar: *commémorer*

© Magnard 2023



U12

# El día de Sant Jordi

Sant Jordi es una fiesta que se celebra en Cataluña el 23 de abril.

Se suele regalar una rosa a las mujeres y se suele ofrecer un libro a los hombres.

Pour exprimer l'habitude, on utilise *soler* + infinitif.

| SOLER |
|---|
| **o → ue** |
| **suelo**<br>**sueles**<br>**suele**<br>**solemos**<br>**soléis**<br>**suelen** |

© Magnard 2023



U12

# Les adjectifs possessifs

| FORME NON ACCENTUÉE PLACÉE AVANT LE NOM | |
|---|---|
| **singulier** (un objet possédé) | **pluriel** (plusieurs objets possédés) |
| **mi** *(mon, ma)*<br>**tu** *(ton, ta)*<br>**su** *(son, sa)*<br>**nuestro/a** *(notre)*<br>**vuestro/a** *(votre)*<br>**su** *(leur)* | **mis** *(mes)*<br>**tus** *(tes)*<br>**sus** *(ses)*<br>**nuestros/as** *(nos)*<br>**vuestros/as** *(vos)*<br>**sus** *(leurs)* |

→ ***Tus** ojos son verdes.*
*(Tes yeux sont verts.)*
→ ***Mi** libro preferido es el Quijote.*
*(Mon livre préféré est le Quichotte.)*

© Magnard 2023



| | | |
|---|---|---|
| 0 cero | 17 diecisiete | 60 **sesenta** |
| 1 uno | 18 dieciocho | 70 **setenta** |
| 2 dos | 19 diecinueve | 80 **ochenta** |
| 3 tres | 20 **veinte** | 90 **noventa** |
| 4 cuatro | 21 veintiuno | 100 **cien** |
| 5 cinco | 22 veintidós | 101 ciento uno |
| 6 seis | 23 veintitrés | 200 **doscientos** |
| 7 siete | 24 veinticuatro | 300 **trescientos** |
| 8 ocho | 25 veinticinco | 400 **cuatrocientos** |
| 9 nueve | 26 veintiséis | 500 **quinientos** |
| 10 **diez** | 27 veintisiete | 600 **seiscientos** |
| 11 once | 28 veintiocho | 700 **setecientos** |
| 12 doce | 29 veintinueve | 800 **ochocientos** |
| 13 trece | 30 **treinta** | 900 **novecientos** |
| 14 catorce | 31 treinta y uno | 1000 **mil** |
| 15 quince | 40 **cuarenta** | 2000 **dos mil** |
| 16 dieciséis | 50 **cincuenta** | |

© Magnard 2023